AF451933

MÉMOIRE

SUR LE

CHEMIN DE FER

DE LA LOIRE,

D'ANDREZIEUX A ROANNE.

MÉMOIRE

SUR LE

CHEMIN DE FER

DE LA LOIRE,

D'ANDREZIEUX A ROANNE ;

PAR

MM. MELLET ET HENRY,

ANCIENS ÉLÈVES DE L'ÉCOLE POLYTECHNIQUE,

CONCESSIONNAIRES DE L'ENTREPRISE.

PARIS,

IMPRIMERIE DE HUZARD-COURCIER,

RUE DU JARDINET, N° 12.

JUILLET 1828.

AVANT-PROPOS.

Il est aujourd'hui généralement reconnu que
les obstacles qui s'opposent en France aux progrès des exploitations minérales et de l'industrie
métallurgique, sont dus particulièrement à l'ab-
sence ou à l'imperfection des communications
intérieures ; d'où résulte, ou un manque absolu
de débouchés, ou une surcharge énorme dans
les prix des produits que l'on veut transporter
à quelque distance. Ce grave inconvénient est
surtout sensible dans le commerce de la houille
ou charbon de terre. Ce combustible, qui ne
vaut sur les mines que 12 fr. par tonneau, terme
moyen, se vend cependant 30, 40, 50 et même
60 fr. sur la plupart des points du territoire. La
charge qui en résulte pour le consommateur est
ainsi plus que triplée, et elle s'élève à une somme
énorme, quand on considère la masse de houille
extraite de nos mines.

En effet, cette masse de combustible (1) for-

______

(1) Supplément au Mémoire sur les usines à fer de la
France, par M. Héron de Villefosse. Paris, 1827.

mait, dès 1825, un total de 1,400,000 tonn. (1), qui, au prix moyen de 12 fr. sur la mine, représente une valeur de 16,800,000 fr.

Cette valeur étant plus que triplée par les frais des transports, impose au consommateur une charge de plus de 50,000,000 fr., dont les deux tiers sont occasionés par les difficultés des communications.

Le département de la Loire est celui de tous qui présente les exploitations de houille les plus nombreuses et les plus importantes. Sur les 1,400,000 tonnes livrées annuellement à la consommation, il en fournit à lui seul 660,000 (2) à 700,000 (3), ou à peu près la moitié de la totalité versée dans le commerce. On sent alors de quelle importance il peut être de faciliter les moyens de transport de cette masse de richesses. La nécessité de cette amélioration devient encore plus frappante, lorsque l'on connaît les précieuses qualités de ce combustible.

---

(1) A défaut d'unité métrique convenable, nous nous servirons de la mesure conventionnelle (*tonne* ou *tonneau*) pour désigner un poids de 1000 kilogr.

(2) Supplément au Mémoire sur les usines à fer de la France, par M. Héron de Villefosse. Paris, 1826.

(3) Bulletin d'industrie de Saint-Étienne, p. 8 ; 1828.

« La houille de la Loire, dit un de nos pre-
» miers ingénieurs (1), est la meilleure de France,
» égale aux premières qualités d'Angleterre, et
» s'emploie principalement à la forge. » Aussi,
non-seulement l'usage s'en étend, malgré l'ouverture de nouvelles houillères et les importa-
tions de l'étranger, mais encore cet accroissement est plus rapide que dans les autres mines.
Comparons-le, par exemple, avec les exploitations du département du Nord, qui, après celles
de la Loire, sont les plus importantes :

	Nord.	Loire.
Extraction (2) en 1812,	248,800 t.	274,300 t.
———— (3) en 1825,	346,880	660,000
accroissemens en 13 ans,	98,000	385,700.

Ainsi, l'accroissement des exploitations de la
Loire a été le quadruple de celui des houillères
du Nord, malgré que celles-ci parussent devoir
profiter des débouchés que leur offrait la proxi-
mité de la mer et de la capitale. Cette supério-

---

(1) Mémoire sur les mines de houille de France, par
M. L. Cordier, inspecteur divisionnaire des mines. —
Journal des Mines, t. XXXVI, p. 365 et 394.

(2) *Ibid.*, p. 392.

(3) Mémoire de M. Héron de Villefosse, déjà cité.

rité tient à la meilleure qualité des houilles de la Loire, et à la plus grande facilité d'extraction, qui est telle, que la plupart des couches exploitées viennent affleurer à la surface du sol, tandis que dans le département du Nord il faut aller les chercher à 3 et 400 mètres de profondeur, et souvent dans un terrain inondé.

On ne trouvera donc pas étonnant que les houillères de la Loire soient en possession de fournir à la consommation, d'une part, jusqu'à Bordeaux et au Havre, d'une autre, jusqu'à Marseille et Paris, embrassant ainsi la vaste étendue comprise entre la mer, la Garonne, le Rhône et la Seine, ou la majeure partie du sol français (1).

La masse exploitée dans le département de la Loire s'étant élevée de 274,000 tonn. à 660,000 dans l'intervalle de 1812 à 1825, cela donne un accroissement moyen de $\frac{1}{14}$ par année; à ce taux, l'extraction serait encore doublée avant 1835, et portée par conséquent à 1,320,000 tonn. (2).

---

(1) Voyez la carte des houillères de la France, et le Mémoire déjà cité de M. Cordier, p. 340 et 341.

(2) L'extraction de Newcastle en Angleterre est égale à 3,600,000 tonn., ou près du triple de cette quantité.

Ce mouvement ne pourra que s'augmenter par l'ouverture des trois chemins de fer qui, partant de Saint-Étienne et se dirigeant, d'une part, vers le Rhône et Lyon, de l'autre, vers la Loire et Roanne, faciliteront considérablement les débouchés.

En présence d'une aussi grande masse de richesses minérales et d'une consommation aussi rapidement croissante, l'utilité, ou plutôt la nécessité de ces nouvelles voies ouvertes au commerce ne saurait être douteuse. L'expérience l'a déjà démontré pour le premier chemin ouvert en 1827 de Saint-Étienne à la Loire, quoique le débouché en soit resté incomplet ; et depuis 40 ans, elle en fournit une preuve continue dans le succès du canal de Givors, malgré les inconvéniens de la navigation de ce dernier.

Le chemin de fer de Saint-Étienne au Rhône et à Lyon, entrepris en 1826 par MM. Séguin et Biot, est destiné à étendre et à faciliter l'exportation des houilles de la Loire vers l'est et le midi de la France. Le chemin de fer de Saint-Étienne à Andrezieux, terminé en 1827 par M. Beaunier, sur 20 kilomètres de longueur, remplit en partie le même but pour l'ouest et le nord ; mais il a l'inconvénient d'aboutir à un

point où la Loire n'est pas navigable à la remonte, et ne l'est que pendant quelques jours
de l'année à la descente. C'est cette lacune qu'il
importait de remplir jusqu'à Roanne, où la navigation a lieu dans les deux sens, et pendant la
plus grande partie de l'année; et c'est aussi le
but de l'entreprise du Chemin de fer d'Andrezieux à Roanne, et le sujet spécial de ce Mémoire.

Mais indépendamment des débouchés offerts
aux houilles de la Loire, nous y considérons
encore les avantages du complément de la communication du Rhône avec la Loire, que doit
effectuer cette ligne de chemins de fer, et ses
relations avec les autres voies, soit routes ou
canaux, qui s'y rattachent plus ou moins. Nous
établissons la préférence qui sera accordée à cette
voie pour la plupart des transports du Midi au
Nord, et l'activité qui régnera sur cette ligne,
surtout en temps de guerre, tant à cause des
transports militaires que de ceux du commerce,
celui-ci étant alors obligé de quitter la voie de
mer pour prendre celle de l'intérieur.

Les résultats statistiques dont nous avons fait
usage dans ce travail sont le fruit de recherches
faites sur les lieux, et de documens déjà publiés

dans le *Bulletin d'industrie de Saint-Étienne*, ou dans d'autres sources non moins recommandables que nous avons eu soin de citer.

Nous publions ce Mémoire tel qu'il a été composé avant l'adjudication du 21 juillet, sauf que nous avons eu à arrêter définitivement le calcul des produits et revenus de l'entreprise en raison du tarif résultant de cette adjudication, tarif qui est de 14 $\frac{1}{2}$ centimes à la descente, et de 17 $\frac{1}{2}$ à la remonte, par tonneau et par kilomètre, pour toute espèce de marchandises.

Ce tarif, assez analogue à ceux adoptés en Angleterre (2 *pence* à 2 $\frac{1}{2}$ par tonn. et par mille), satisfait, comme on le verra, à la double condition de rendre les transports plus économiques que par la voie fluviale et par le roulage, et d'assurer en même temps aux actionnaires du Chemin de fer un revenu suffisant pour couvrir l'intérêt des capitaux et donner d'importans bénéfices. Économie pour le commerce, avantages assurés pour la compagnie exécutante, tel doit être le caractère de toute entreprise dont l'exécution est confiée à des particuliers, et dont les moyens sont fondés sur l'esprit d'association.

N. B. Nous nous sommes bornés, dans cet écrit, à

énoncer les résultats les plus essentiels sur les chemins de fer ; mais on trouvera dans les ouvrages suivans des données plus générales et plus complètes sur cette matière.

Mellet et Henry. *Traité des Chemins de fer comparés avec les canaux et les routes ordinaires*, Paris, 1828. (Sous presse.)

Mellet. *Traité des machines à vapeur et de leur application aux mines, aux voitures à vapeur, aux chemins de fer, etc., traduit de l'anglais avec des notes et additions.* 2 vol. in-4°. Paris, 1828. Bachelier.

Mellet et Tourasse. *Essai sur les bateaux à vapeur, etc., et sur les autres modes de transport par eau, par terre et sur les chemins de fer.* 1 vol. in-4°. Paris, 1828. Malher et comp.

Wood and Tredgold's. *Treatises on Rail-roads.* London, 1825.

DE L'ÉTABLISSEMENT

D'UN

CHEMIN DE FER

D'ANDREZIEUX A ROANNE.

---

§ Ier.

De l'importance du bassin houiller de St.-Étienne, et de l'industrie de cet arrondissement.

LE territoire de Saint-Étienne présente l'exemple, encore trop rare dans la plupart de nos départemens, d'une population active et industrieuse. Placé entre le Rhône et la Loire, qui coulent dans des directions opposées et dans la partie la plus rapprochée de ces deux fleuves, il verse ses nombreux produits dans le midi et le nord de la France ; mais il le ferait avec un avantage bien plus marqué, si ces produits pouvaient arriver plus facilement jusqu'au Rhône, et si, d'une autre part, la Loire offrait une navigation moins inconstante et moins dangereuse.

Le premier débouché sera amélioré par l'établissement du Chemin de fer de Saint-Étienne à Lyon, que construisent, en ce moment, MM. Séguin et Biot. Le second débouché, déjà commencé par le Chemin de fer de Saint-Étienne à la Loire, dont la construction est due aux talens et au zèle de M. Beaunier, sera complété par le nouveau Chemin de fer d'Andrezieux à Roanne, et cette troisième ligne terminera l'ensemble des chemins de fer nécessaires à la communication du Rhône à la Loire, ou du midi au nord. La ligne navigable de la Loire sera en outre perfectionnée par l'exécution du canal de Roanne à Digoin, et surtout du canal encore plus important de Digoin à Briare, qui est maintenant en construction.

Alors rien ne pourra ralentir l'essor qu'a déjà pris l'industrie dans ces contrées, où la nature a prodigué avec tant d'abondance le précieux combustible qui en est l'indispensable aliment. Le Chemin de fer de la Loire fera participer à cet avantage les nombreux établissemens répandus dans la vaste vallée de ce fleuve, comme le canal de Givors le fait déjà pareillement pour le Rhône, et à leur tour les deux versans des deux fleuves feront remonter vers Saint-Étienne, ou échangeront réciproquement leurs productions respectives, en fécondant ainsi de nouvelles sources de richesses.

Lorsque l'on considère que la ville de Saint-Étienne ne communique directement au Rhône que par une route sans cesse détériorée par le passage continu de plusieurs milliers de voitures pesamment chargées de houille; que, d'un autre côté, la Loire ne lui offre qu'un débouché tellement imparfait, qu'il ne peut servir qu'au seul transport de son combustible minéral, et seulement pour une petite partie de la masse exploitable, ou de celle qu'exigent les usines de la Loire et les besoins de la capitale, on doit être frappé de ce que, malgré tant d'obstacles, l'industrie minéralogique et manufacturière de ces contrées soit arrivée à un si haut point de prospérité.

La population de l'arrondissement s'est accrue de deux cinquièmes dans l'espace de vingt ans. Cette augmentation a été beaucoup plus grande pour Saint-Étienne et sa banlieue ; car la population n'y était que de 27,000 individus en 1801 , et elle s'élevait à 55,000 en 1827.

Les houilles, qui sont la première et la plus importante cause de la prospérité de cette contrée (1), sont renfermées dans un espace qui s'étend du Rhône à la Loire, depuis *Saint-Paul-de-Corneillon* jusqu'à Givors, sur une étendue d'environ 46,250 mètres du sud-ouest au nord-est. La plus grande largeur transversale, prise à *Roche-la-Molière*, est de 13,000 mètres. Cette largeur diminue au-delà de Saint-Étienne, en s'avançant vers *Rive-de-Gier ;* là , les deux limites du terrain houiller ne sont plus séparées que par une étendue de 2,300 mètres, et elle devient moindre encore en s'avançant vers le Rhône.

La surface totale du terrain houiller est de 22,145 kilomètres carrés. La plus grande distance verticale entre les points le plus haut et le plus bas qui aient été observés, est de 750 mètres environ.

Dans le bassin de Saint-Étienne , le nombre des puits est de quarante ; ils ont une profondeur moyenne de 40 mètr. seulement. Les couches de houille prennent une épaisseur variable, le plus généralement de 1 à 5 mètres, quelquefois de 16 à 20 mètres (2).

---

(1) *Voyez* l'intéressant mémoire sur la topographie extérieure et souterraine du terrain houiller de Saint-Étienne et de Rive-de-Gier, par M. Beaunier, inspecteur divisionnaire du corps royal des mines.

(2) On a calculé que les couches de houille reconnues pouvaient suffire à une exploitation de plus de dix siècles.

Le terrain à houille de Rive-de-Gier n'offre guère que
le dixième de l'étendue superficielle de celui de Saint-
Étienne : les couches sont moins épaisses ; quelques-unes
de celles exploitées n'ont qu'une épaisseur de 48 centi-
mètres. 31 puits, dont la profondeur moyenne est de
300 mètres, y servent à l'extraction du combustible. Les
difficultés d'exploitation, plus grandes à Rive-de-Gier,
augmentent le prix de la houille sur la mine de 20
centimes par hectolitre au-dessus de celui de Saint-
Étienne.

Pendant long-temps les houillères de Saint-Étienne ne
fournirent qu'au besoin très restreint des habitans. Vers
le commencement du 18ᵉ siècle, la compagnie La Gardette
ayant fait quelques balisages dans la Loire, cela permit
de tenter la navigation pendant certaines crues des eaux,
et de faire quelques transports de houille vers Roanne.
Le nombre des bateaux qui s'embarquaient ainsi annuellement s'était élevé à 800 en 1790, et il s'est accru succes-
sivement jusqu'à 4,000. L'état actuel de la navigation ne
permet non-seulement aucune augmentation, mais nous
verrons même plus loin que le temps n'était pas éloigné
où ces transports devaient décroître rapidement, si l'on
n'eût eu l'idée de suppléer ce moyen onéreux par l'établissement du Chemin de fer de la Loire.

Du côté du Rhône, le canal de Givors, construit en 1779,
ouvrit un débouché aux houillères de Rive-de-Gier ; et,
malgré la lenteur et la cherté du transport, causées sur cette
voie par le grand nombre d'écluses à sas qu'a exigées une
pente de 82 mètres sur une longueur de 17 kilomètres, ce
canal n'a pas laissé de rendre de grands services au pays
qu'il traverse, en y provoquant l'extension qu'ont prise

les exploitations et la formation de grands établissemens industriels (1).

Les extractions de Rive-de-Gier fournissent chaque année 430,000 tonneaux de houille, savoir :

Versé dans le Rhône, ou dirigé vers
Lyon. 270,000
Consommé sur les lieux, ou dans
les environs 160,000
Total 430,000

Les extractions de Saint-Étienne fournissent annuellement 230,000 tonn. de houille, savoir :
Versé dans la Loire 112,000
Consommé sur les lieux, ou conduit
vers Lyon 118,000
Total 230,000

Total de la houille extraite chaque année
dans les deux bassins. 660,000

L'arrondissement de Saint-Étienne (2) ne borne pas son commerce à la seule exploitation de ses mines de houille ; son industrie s'exerce encore sur plusieurs branches importantes, qui donnent lieu à une masse

---

(1) Ce canal sert au transport de 331,000 tonneaux de houille ou autres marchandises ; et quoiqu'il n'ait que 4 lieues, il rapporte à ses actionnaires autant que tout le canal du Midi, qui en a 60.

(2) Les détails suivans sont extraits d'une Notice statistique sur l'industrie de l'arrondissement de Saint-Étienne, insérée dans le Bulletin de la Société d'Agriculture de cette ville, t. VI, 1828.

notable de transports, soit en matières premières, soit en produits confectionnés.

Cinq hauts-fourneaux, employant le coke pour combustible, y sont établis, et peuvent donner annuellement 7 à 8,000 tonneaux de fonte.

Six moulins à fer, ou forges à l'anglaise, y produisent annuellement 15,000 tonnes de fer, auxquelles des laminoirs donnent les formes qu'exige le commerce.

L'arrondissement possède quatre fabriques d'acier, dont les produits sont évalués à 350 tonnes.

On y trouve 115 moulins à soie, 120 scieries, 70 aiguiseries, 30 martinets, 11 fonderies, 3 papeteries, un grand nombre de moulins à blé, pressoirs à huile, etc.

La culture des mûriers et l'éducation des vers à soie, les apprêts de la soie et la rubannerie forment les branches les plus importantes de l'industrie manufacturière de Saint-Étienne, si l'on en juge par le nombre d'ouvriers qui y sont employés ; la rubannerie seule occupe à Saint-Étienne, ou dans les environs, de 27 à 28 mille ouvriers.

L'arrondissement renferme 37 fours de verrerie, dont 21 à Rive-de-Gier, et les autres à Firmini et à Saint-Just-sur-Loire.

La quincaillerie, la clouterie et la fabrication des armes à feu occupent un grand nombre d'ouvriers, et donnent des produits importans par leur quantité et leur bonne confection.

Les divers établissemens industriels et manufacturiers que renferme cet arrondissement occupent environ 48,000 personnes, mettent en œuvre pour une valeur de 37 millions de matières premières, et fournissent une masse de produits dont la valeur ne s'élève pas à moins de 72 millions.

§ II.

Des difficultés des transports sur la haute Loire.

Une contrée aussi abondante en richesses minérales et industrielles n'a pour tout débouché, vers le nord et vers l'ouest, que la navigation intermittente, difficile et dispendieuse de la Loire ; car on ne peut compter, pour les transports des produits minéraux, sur le service encore plus coûteux de la route de terre, où les dépenses seraient presque doubles.

La navigation du plus grand fleuve de la France, généralement mauvaise dans tout son cours, au point qu'on a reconnu la nécessité de la remplacer par des canaux, doit être encore plus impraticable vers son origine. C'est là, en effet, entre Andrezieux et Roanne, que tantôt le manque d'eau, tantôt la rapidité des courans, s'opposent à toute navigation ascendante, et rendent très précaire et très dangereuse toute navigation descendante. On ne rencontre que bancs de sable, graviers, rochers, cataractes, courans sinueux. Il est impossible que, dans les eaux ordinaires, les bateaux puissent trouver un passage au milieu de tant d'obstacles, il faut attendre les crues de la Loire ; ces crues durent très peu : trop faibles, elles ne fournissent aux bateaux qu'un fond d'eau insuffisant ; trop fortes, elles entraînent tout, et les bateaux devenant insensibles au gouvernail, sont poussés et brisés contre les rochers qui parsèment et bordent une partie du cours du fleuve. A peine le marinier compte-t-il, dans l'année , 5o à 70 jours de navigation effective.

La navigation ascendante de Roanne à Andrezieux étant impossible, les bateaux une fois partis de ce dernier port, descendent et ne reviennent plus. Vendus à vil prix, après ce service temporaire, et démolis ensuite, il en résulte une surcharge énorme pour les frais de transport.

Ces bateaux sont construits avec les sapins des montagnes qui séparent la Loire de l'Allier, et dont le principal commerce se fait à Saint-Bonnet-le-Château. Il s'expédie annuellement environ 4000 bateaux, dont la construction exige l'abattage d'environ 40 à 50 mille arbres. Les forêts des bords de la Loire sont depuis longtemps épuisées ; les autres forêts des alentours, en coupe régulière , ne tarderont pas à disparaître ; les bois, qu'il faut aller chercher tous les ans de plus en plus loin, renchérissent continuellement, et l'on finira par n'en plus trouver à aucun prix. Les bateaux, qui ne coûtaient que 25o à 3oo fr., ont monté, dans ces derniers temps, jusqu'à 6oo et 7oo fr., et le prix s'accroîtra encore, surtout lorsque le Chemin de fer de Saint-Étienne au Rhône aura ouvert un nouveau débouché aux bois de la haute Loire. Dès à présent il en résulte, pour ce seul article, une dépense annuelle de plus de deux millions.

Construits dans les chantiers d'Andrezieux, de Saint-Just et de Saint-Rambert, ces bateaux doivent attendre souvent plusieurs mois de suite, le moment favorable pour descendre leur chargement. Il faut saisir la première crue qui se présente, et qui se maintient rarement plus d'un ou deux jours ; souvent les bateaux en marche se trouvent arrêtés par la baisse des eaux , et ils sont forcés de stationner le long du fleuve, pendant un temps plus ou moins long, exposés avec leur chargement à une foule de risques et d'avaries. On en a vu, avec des chargemens de houille, mettre plus de six mois pour parvenir d'Andrezieux à Paris. Ces avaries et ces retards ont fait renoncer, jusqu'à présent, les fabricans de Saint-Étienne à expédier par la Loire les produits de leur industrie destinés pour le nord, et leur ont fait préférer la voie plus dispendieuse du roulage.

La partie la plus dangereuse de la navigation de la Loire s'étend depuis le confluent de la rivière d'Aix jusqu'à Commières, sur une longueur de 35 kilomètres, bordée de roches coupées à pic. Presqu'à chaque demi-kilomètre de ce long défilé, on rencontre des *rapides* qui ont de 1 à 5 mètres de chute, et dont la vitesse varie de 10 à 15 mètres par seconde, c'est-à-dire atteint celle d'un cheval au galop. Les bateaux ne peuvent se hasarder dans ces passages que par des crues moyennes de 1 mètre; au-dessus et au-dessous de ce niveau, les dangers et les obstacles deviennent insurmontables.

Suivant l'état des eaux, les bateaux chargent de 8 à 12 voies, ou 20 à 28 tonneaux; chaque bateau emploie deux mariniers d'Andrezieux à Balbigny, et trois mariniers de renfort de Balbigny à Roanne. Les salaires de ces mariniers, la perte de valeur des bateaux, les risques et les droits de navigation, les faux frais, etc., élèvent la dépense de ce trajet de 360 à 380 francs par bateau; cela fait monter le transport d'un tonneau, ou 1000 kilogr., à 14 francs, terme moyen (1). Il faut ajouter à ces causes

____

(1) Voici le prix d'une tonne de houille de Saint-Étienne de

de perte les avaries qu'éprouvent les charbons de terre, en attendant leur expédition, les frais de garde des bateaux pendant leur stationnement plus ou moins long sur la rivière, la perte des intérêts des fonds et des bénéfices qu'il y aurait à réaliser par un service plus régulier ; en un mot, tous les inconvéniens attachés à une navigation

---

bonne qualité, rendue à Paris par la voie actuelle de communication, dans l'hypothèse la plus favorable à la navigation fluviale, d'une destination entière pour Paris.

Prix d'achat d'une tonne de houille de bonne qualité à Saint-Étienne..........................		4ᶠ,5o
Transport de Saint-Étienne à Andrezieux par le Chemin de fer..................................		3,12
Entreposage à Andrezieux..................	oᶠ,54	
Mise en bateaux.	o,5o	
Déchet................................	o,1o	
Intérêt à 5 pour cent par an, pendant 5 à 6 mois de séjour à Andrezieux...........	o,85	
Risques de la navigation, 4 pour cent environ.	1,4o	
Frais de transport d'Andrezieux à Roanne, eu égard à la perte sur les bateaux, d'après l'estimation des syndics de la navigation, ...	10,63	
Total des frais de transport ou autres d'Andrezieux à Roanne, par la voie actuelle........ 14,02, ci..		14,02
Transport de Roanne à Briare, eu égard à la perte sur les bateaux.		15,72
Transport de Briare à Paris, eu égard à la même perte....................................		11,57
Prix d'une tonne de houille de Saint-Étienne, rendue à Paris par la voie actuelle....................		48,93
Prix de la voie de Saint-Étienne de 3o hectolitres		117,43
Prix de la voie de Paris de 15 hectolitres..........		58,71

éphémère, et qui souvent ne permet, dans une année, que la moitié ou les deux tiers des départs qui ont eu lieu l'année précédente.

Le transport étant impossible à la remonte, les retours ont lieu nécessairement par la voie de terre ; le roulage de Roanne à Andrezieux revient à 24 ou 28 francs par tonneau, ou environ le double du prix de la descente.

En résumé, navigation impraticable à la remonte ; navigation intermittente, précaire et dangereuse à la descente ; frais croissans d'année en année, et impossibilité prochaine des transports, par la disparition rapide des forêts, tel est l'état imparfait de l'unique communication fluviale de Saint-Étienne avec le nord et l'ouest de la France.

§ III.

De la nécessité d'un chemin de fer entre Andrezieux et Roanne.

Pour mettre un terme aux pertes du commerce et donner un nouvel essor au développement de l'industrie minérale et agricole du plus important territoire houiller de la France, il faut supprimer les gênes que le commerce éprouve dans ses transports, et lui ouvrir des voies plus faciles. La première idée qui se présente dans ce but, c'est d'améliorer la navigation de la Loire en lit de rivière, ou même d'établir un canal latéral. Pour juger ces deux projets, prenons une idée de la topographie de la contrée.

Depuis sa source et dans toute la partie non navigable de son cours, c'est-à-dire entre le mont Gerbier et Saint-

Rambert, la Loire coule resserrée entre des montagnes escarpées, où les eaux ont profondément sillonné leur lit sur le terrain primitif. A Saint-Rambert, ou à quelques kilomètres seulement au-dessus d'Andrezieux, la vallée s'ouvre et se transforme en une vaste plaine, connue sous le nom de *plaine du Forez* ou *de Montbrison*. Bornée de toute part par de hautes montagnes, tout annonce que cette plaine a été autrefois le réceptacle d'un grand lac alimenté par les eaux de la Loire, comme le lac de Genève l'est encore par le Rhône. La digue naturelle qui formait ce barrage se voit dans la chaîne transversale qui unit le faîte d'entre Saône et Loire à celui d'entre Loire et Allier, ou les hauteurs de Tarare aux cimes de la Madelaine. Le fond du bassin, enrichi des alluvions du fleuve, fut mis à nu lorsque la Loire se fut creusé un passage étroit dans la chaîne granitique, coupée à pic sur 3 à 400 mètres de profondeur. C'est sans doute à ce dénivellement des eaux que la plaine du Forez doit son existence et sa fertilité.

En entrant dans cette plaine, la Loire perd son impétuosité primitive, et se promène dans un lit devenu quatre ou cinq fois plus large, entre des bancs de sable et de gravier, où elle filtre presque inaperçue dans les basses eaux. Ses affluens, non moins incertains dans leur direction, lui versent tranquillement leurs eaux. C'est ainsi que finissent la Coise, la Loise, la Mare, le Vizezy et le Lignon, que le romancier d'Urfé célébra autrefois pour la douceur de son cours et la beauté de ses rives.

Mais à la limite de la plaine, les affluens qui prennent naissance dans la chaîne transversale descendent en torrens impétueux en sens contraire du fleuve principal, et la Loire elle-même, à partir du confluent du torrent d'Aix, reprend sa rapidité primitive ; elle traverse le long défilé qui conduit à la plaine de Roanne, de même qu'elle avait traversé celui qui précédait la plaine du Forez, c'est-à-dire dans un lit resserré et parsemé de roches, entre-coupé de cataractes, et brisé brusquement dans sa direction par des pointes ou des anfractuosités sans nombre.

Ce n'est qu'à Commière, à 3 kilomètres au-dessus de Roanne, que la vallée s'ouvre de nouveau, et la plaine se prolonge alors indéfiniment, non-seulement jusqu'à Roanne et Digoin, mais sur presque tout le cours du fleuve, sauf quelques escarpemens peu prononcés sur la rive droite. Le lit de la Loire, en s'étendant, redevient sablonneux, peu profond, inconstant, et la navigation demeure encore tellement imparfaite, qu'il a été jugé nécessaire de la remplacer par des canaux latéraux jusqu'à Briare et même jusqu'à Tours, sur 500 kilomètres environ de longueur.

Des obstacles de nature opposée entravent donc la navigation de la Loire, entre Roanne et Andrezieux ; est-il possible de les lever en améliorant la navigation en lit de rivière, ou de les éluder en établissant un canal latéral ? C'est ce qui reste à examiner.

Nous avons vu que d'Andrezieux à la rivière d'Aix, la Loire serpente dans un lit de quelques cents mètres de large, entre des bancs de sable ou de gravier qui changent à chaque crue. Il serait impossible d'y pratiquer un chenal profond et constant par des moyens artificiels ; car l'eût-on obtenu, que la première inondation le comblerait. Si l'on voulait faire que le fleuve creusât lui-même son lit, il faudrait resserrer le courant entre de fortes digues insubmersibles dont la dépense serait énorme, et ne donnerait en résultat qu'une navigation incertaine, telle qu'elle existe dans les autres parties du cours où la Loire est endiguée entre d'immenses levées ; ce qui n'en a pas moins nécessité la construction d'un canal latéral.

De la rivière d'Aix jusque près de Roanne, l'encaissement du fleuve et sa pente prononcée donnent à ses eaux un cours si rapide, qu'il serait nécessaire de le modérer par des barrages établis de distance en distance, et auxquels on accolerait des écluses submersibles pour le service de la navigation. Mais ces constructions résisteraient-elles à l'impétuosité d'un fleuve dont les crues s'élèvent en cet endroit à 15 et 20 mètres de hauteur au-dessus des eaux ordinaires? En les faisant assez fortes, on pourrait à la rigueur l'espérer, puisqu'on voit subsister dans le lit même du fleuve les assises d'un pont très ancien, quoique attribué mal à propos aux Romains, et les restes de la digue que Louis XIV avait fait entreprendre pour barrer la rivière, à dessein de prévenir l'effet désastreux des inondations. Mais il faut convenir que les dépenses de construction et les frais d'entretien d'aussi grands travaux d'art seraient excessifs et le succès de l'entreprise tout-à-fait incertain.

En effet, la pente de la Loire dans cette partie étant de 52 mètres, il ne faudrait pas moins de 25 barrages et autant d'écluses que l'on devrait fonder dans le lit du fleuve, et rendre capables de résister à son impétuosité ; il faudrait établir un chemin de halage que l'on serait exposé à voir détruire à chaque inondation, ainsi que les maisons d'éclusiers. Il serait superflu de calculer combien de millions pourraient coûter de premier établisse-

ment et d'entretien des ouvrages aussi considérables ;
car que sont des calculs devant un fleuve impétueux qui
peut tout renverser en un instant? Que l'on se rappelle
que, pour racheter les 18 mètres de pente de Paris à
Rouen sur le cours tranquille de la Seine, les ingénieurs
demandent plusieurs dixaines de millions : on peut juger
de ce que coûteraient 25 barrages, au lieu de 8, dans le
lit torrentueux de la Loire.

Le projet d'un canal latéral n'est pas plus admissible ;
car si l'établissement en est praticable et même facile
dans la plaine de Forez, soit sur l'une ou l'autre des
rives de la Loire, il n'en est plus de même lorsqu'on
arrive au *passage des roches :* là, sur 35 kilomètres de
longueur, presque pas de berge sur les deux rives de la
Loire, mais des roches granitiques dont les escarpemens
s'élèvent, comme nous l'avons vu, à quelques cents
mètres de hauteur. Des deux seuls partis possibles, on
ne saurait dire lequel est le plus extravagant, ou de
suspendre le canal au-dessus de la Loire, ou de lui faire
traverser, par un long souterrain, la masse rocheuse
jusque vers Roanne.

Si, quittant les bords de la Loire, on voulait franchir
cette barrière par un canal à point de partage, on pourrait l'établir à l'est de la rive droite, en remontant le
vallon du Bernand, coupant le faîte par une tranchée, et
redescendant ensuite le vallon du Gand jusqu'à Roanne.
Mais ce tracé exigerait encore un grand nombre d'écluses,
de réservoirs et de rigoles alimentaires, et occasionerait
des dépenses excessives, sans que l'on fût certain de réu-
nir assez d'eau pour alimenter le canal pendant une partie
de l'année.

Puisque, dans l'état actuel, on ne connaît que les chemins de fer qui puissent suppléer les canaux avec la même économie, c'est donc à une voie de ce genre qu'il faut recourir pour procurer aux houillères de Saint-Étienne le débouché qui leur manque; mais lors même que la nécessité des choses n'imposerait pas ce parti, les localités tendraient à lui faire accorder la préférence.

En effet, les canaux ne se prêtent pas aux transports par bateaux à vapeur; mais les chemins de fer sont éminemment appropriés aux voitures à vapeur, et ce roulage mécanique sera surtout avantageux sur la ligne qui nous occupe, en raison de l'abondance et du bon marché du combustible qui en est l'aliment essentiel. D'un autre côté, ce chemin sera tracé sans difficulté dans la plaine unie du Forez, entrecoupée seulement de petites rivières, que l'on franchira par quelques ponts de 2 ou 3 arches au plus. On remontera sans peine le plateau qui sépare cette plaine de Roanne, en suivant une pente médiocre, que l'on pourra même adoucir si l'on veut par une tranchée ou par un court souterrain. Arrivé en vue de Roanne, on pourra se développer sans obstacle jusqu'à cette ville, en suivant parallèlement la route actuelle, et arriver au bassin projeté du canal de Roanne à Digoin.

Si l'on voulait n'avoir qu'une seule pente d'Andrezieux à Roanne, il faudrait suivre constamment les bords de la Loire, même dans le *passage des roches*, et cette direction est à la rigueur praticable, à cause du peu de largeur qu'il faut à un chemin de fer comparativement à un canal; mais elle serait plus longue et exigerait que le chemin fût sur une grande étendue réduit à une seule voie, à cause de l'escarpement des rives.

Quoi qu'il en soit, l'établissement du Chemin de fer étant reconnu le plus avantageux et même le seul possible de tous les moyens de communication que l'on pourrait tenter, il s'agit maintenant d'évaluer l'économie qu'il présentera sur la voie fluviale, et la masse de transports qu'il est destiné à effectuer.

Nous avons vu que les frais de navigation d'Andrezieux à Roanne s'élevaient à 14 francs par tonneau. On ne peut pas évaluer à moins de 1 franc les autres pertes et faux frais occasionés par les retards et l'incertitude des transports. Ainsi dans l'état actuel, et en faisant abstraction des renchérissemens ultérieurs que devront subir les bois de construction, les dépenses atteignent déjà le taux de 15 francs par tonneau.

Un chemin de fer tracé d'Andrezieux à Roanne par la direction la plus longue, c'est-à-dire en suivant les sinuosités des rives de la Loire, aurait 80 kilomèt. de longueur. Le transport d'un tonneau, calculé d'après le tarif de la concession, c'est-à-dire à $14\frac{1}{2}$ centimes par kilomètre, coûterait donc $80\times0^f,145$ ou $11^f,60$ c., ce qui offrirait déjà, sur les prix actuels, une économie de $3^f,40$ ou de $22\frac{2}{3}$ pour 100 (1).

---

(1) *Prix d'une tonne de houille de Saint-Étienne, rendue à Paris par la voie nouvelle du Chemin de fer et des canaux latéraux.*

Achat à Saint-Étienne.	$4^f,50$
Transport de Saint-Étienne à Andrezieux par le Chemin de fer.	3,12
Transport d'Andrezieux à Roanne par le Chemin de fer.	10,87
A reporter.	18,49

Mais le Chemin de fer peut suivre une direction plus courte, et qui se rapproche de celle de la route neuve de Saint-Étienne à Roanne ; il n'aura plus alors que 75 kilomètres de longueur, et le transport sera réduit à 75 fois 0ᶠ,145 ou à 10ᶠ,87. On obtiendra donc sur la voie actuelle une économie de 4ᶠ,13 ou de 27 ½ pour 100.

A la remonte, le tarif du Chemin de fer étant de 17 ½ centimes par kilomètre, le trajet total coûtera 75 fois 17 ½ ou 13ᶠ,12 ; il offrira sur le prix de la voie de terre, qui est au moins de 24 à 28 f. , une économie d'environ 50 pour 100. Avec une supériorité aussi décidée dans les deux sens, le Chemin de fer n'aura à craindre aucune concurrence, soit du roulage, soit de la navigation.

§ IV.

Du mouvement présumé de marchandises qui aura lieu sur le Chemin de fer d'Andrezieux à Roanne.

Les transports se composeront à la descente d'Andrezieux à Roanne :

Report.	18ᶠ,49
Mise en bateaux	0,40
Transport de Roanne à Briare par le canal latéral	13,37
Idem de Briare à Paris	8,05
Total du prix de la tonne de houille de Saint-Étienne, rendue à Paris	40,31
Cela met le prix de la voie de Saint-Étienne à	96,74
de Paris à	48,37

1°. Des houilles du bassin de Saint-Étienne ;

2°. Des produits manufacturés de Saint-Étienne et des environs ;

3° Des bouteilles provenant des verreries de Firmini et de Saint–Just ;

4°. D'une partie des marchandises venant du midi de la France, qui remontent le Rhône et la Saône jusqu'à Châlons, et arrivent à Digoin par le canal du Centre ;

5°. D'une partie des mêmes marchandises qui sont dirigées sur Paris par le roulage.

De Roanne à Andrezieux le Chemin de fer aura les transports :

1°. Des plâtres de Saint-Léger ;

2°. Des vins du Roannais ;

3°. Des autres marchandises qui se transportent par bateaux de Digoin à Roanne, et par voitures de Roanne à Saint–Étienne, Montbrison, etc.

Transports à la descente vers Roanne.

Aujourd'hui la quantité de houille qui s'exporte annuellement des houillères de Saint–Étienne vers Roanne s'élève, d'après les évaluations les plus exactes, à **112,000** TONNES.

Dans l'état actuel des communications, cette limite ne saurait être dépassée, tant à cause du petit nombre de jours pendant lesquels la navigation est possible, que de la rareté toujours croissante des bois, qui ne permet pas la construction d'un plus grand nombre de bateaux. On peut observer en outre que les 4 à 5,000 bateaux qui, selon que les crues sont plus ou moins favorables, descendent chaque année la Loire, et qui, en raison de leur superficie, devraient porter chacun 70 à 80 tonnes, ne peuvent prendre à peine que le tiers de ce chargement, et la masse transportée se trouve réduite à une faible quantité, tandis que les frais demeurent les mêmes que pour une exportation plus considérable.

Mais en considérant, d'une part, la grande richesse des mines de Saint-Étienne et de Firmini, qui permet aisément de quintupler l'extraction, sans augmentation de prix de la houille et sans crainte pour l'avenir; en voyant, d'une autre, la vaste étendue des provinces à approvisionner, le nombre et l'importance des établisse-mens industriels, manufacturiers et agricoles qu'elles renferment, la population active et laborieuse qui les ha-bite; enfin, en reconnaissant comment la seule construc-tion du canal de Rive-de-Gier à Givors, dont le déve-loppement n'est pas de plus de 16 kilomètres, et dont la navigation est si coûteuse, a pu provoquer une exporta-tion de 250,000 *tonnes* de houille vers le bassin du Rhône, qui ne renferme ni forges, ni hauts-fourneaux pour la fabrication des fers et la fonte des minerais; serait-ce trop présumer, que d'espérer qu'une semblable masse de transports s'écoulera vers les provinces que la Loire par-court, lorsque tous les obstacles seront levés, et que les communications seront établies par une voie régulière, prompte, économique, et qui, loin de limiter les trans-ports, croîtra en prospérité à mesure de leur extension? Nous ne le pensons pas, et l'on trouvera même cette éva-luation bien modérée, bien au-dessous du mouvement qui doit avoir lieu sur cette ligne, si l'on a égard aux causes évidentes qui tendent à l'augmenter, et à tous les besoins qui réclament impérieusement l'emploi de la houille.

Les marchandises de toute espèce provenant des fabriques de Saint-Étienne et des environs, telles que clous, quincaillerie, armes à feu, fers, fontes moulées, etc., dont quelques-unes seront destinées à Roanne, Digoin et aux villes environnantes, et d'autres à des villes plus éloignées, ne peuvent être portées à moins de **8,000** TONNES.

Les bouteilles provenant des verreries de Firmini et de Saint-Just, qui descendent vers Roanne, forment une masse de **5,000** TONNES.

Des vins et autres produits qui s'expédient du midi vers le nord et l'ouest de la France, une partie remonte le Rhône jusqu'à Lyon, la Saône jusqu'à Châlons, et arrive à Digoin par le canal du Centre, pour continuer son trajet par la Loire. L'autre partie est confiée au roulage jusqu'à Lyon, ou même jusqu'à la Capitale.

D'après des renseignemens exacts, les marchandises du midi qui arrivent à Digoin par le canal du Centre s'élèvent à **20,000** TONNES.

Si, au lieu de remonter le Rhône et la Saône, et de suivre le canal du Centre, dont la navigation est souvent interrompue, ces marchandises prennent à Givors les Chemins de fer jusqu'à Roanne et le canal latéral, elles arriveront en tout temps à Digoin $9\frac{1}{2}$ jours plus tôt en parcourant un trajet moindre de 82 kilomètres, avec une économie pour le commerce de $7^f,56$ par tonne (1).

---

(1) On peut comparer les deux lignes de communication de Givors

Si, à ces avantages qu'offre la voie nouvelle, on ajoute que les bateliers auront intérêt à livrer leur chargement au Chemin de fer à Givors pour prendre en retour des houilles de Rive-de-Gier ou de Saint-Étienne, on ne saurait douter que la totalité des 20,000 tonnes ci-dessus ne soient enlevées au canal du Centre par les chemins de fer.

La difficulté et la lenteur de la navigation sur le Rhône, l'interruption de celle de la Saône pendant l'étiage, font

à Digoin à l'aide des deux tableaux suivans :

Première ligne.

	Longueur.	Nombre de jours.	Dépense par tonneau.
De Givors à Lyon...............	18 kil.	2ʲ 6ʰ	3f,06
De Lyon à Châlons, par la Saône..	140	6	10
De Châlons à Digoin, par le canal du Centre (81 sas)...............	114	5	15,96
	272	13 6	29,02

Deuxième ligne.

	Longueur.	Nombre de jours.	Dépense par tonneau.
De Givors à Roanne, par les Chemins de fer.	135 kil.	2ʲ	18f,46
De Roanne à Digoin, par le canal latéral (15 sas)................	55	2	3
	190	4	21,46

La première ligne éprouve tous les inconvéniens de la remonte du Rhône et de la Saône, et des chômages fréquens du canal du Centre.

La deuxième ligne sera constamment en activité, les chômages étant nuls sur les chemins de fer, et presque nuls sur les canaux latéraux.

préférer les transports par roulage pour un grand nombre d'objets. Aussi se transporte-t-il par cette voie une masse de marchandises que l'on ne peut évaluer à moins de 36,000 *tonnes*, ayant pour destination le nord et l'ouest de la France. L'économie considérable que la nouvelle voie offrira au commerce, et l'avantage que les rouliers trouveront à abandonner leurs chargemens au Chemin de fer à Givors, et à prendre de là, en échange, les produits manufacturés de Saint-Étienne ou de Lyon , doivent faire penser que la majeure partie de ces transports prendra cette direction : nous n'évaluerons cependant qu'au tiers des marchandises ci-dessus ou à 12,000 TONNES, la portion qui prendra cette ligne et continuera de la suivre jusqu'à Roanne.

Transports à la remonte par Andrezieux.

Les arrondissemens de Montbrison et de Saint-Étienne consomment beaucoup de vin du Roannais : on évalue à 10,000 barriques la quantité qui s'en transporte à Saint-Étienne et dans la banlieue. Cette quantité est d'environ 4,000 TONNES pour les deux arrondissemens.

Les carrières de Saint-Léger, situées sur le canal du Centre , fournissent tout ce que les constructions et les besoins de l'agriculture exigent de plâtre à Saint-Étienne, et dans tout l'arrondissement de Montbrison. Ces plâtres, dont on évalue la consommation à 8,000 TONNES , et qui augmentera probablement avec la facilité des transports, arriveront par le canal du Centre à Digoin , où ils prendront le canal qui doit être construit jusqu'à Roanne , et de là ils suivront le Chemin de fer jusqu'à leur destination.

Les minerais de Bourgogne qui ne peuvent arriver aux

hauts-fourneaux de Saint-Étienne que par la Saône et le Rhône, seront avantageusement remplacés par ceux du Nivernais et du Berry beaucoup plus riches, plus abondans et de meilleure qualité que les premiers. Ils prendront la voie des canaux jusqu'à Roanne, puis celle des Chemins de fer. Le mouvement produit par ces minerais ne serait pas au-dessous de **10,000** TONNES.

Enfin, il faudra tenir compte du sel, des ardoises, des denrées coloniales, des terres réfractaires qui viennent d'Auvergne en grande quantité, et qui prendront le Chemin de fer à Feurs ; des poissons provenant des étangs de la plaine du Forez, des poteries, du chanvre, des grains de l'Allier, etc. : nous compterons seulement **1,000** TONNES pour tous ces articles.

En nous bornant aux objets qui doivent indubitablement suivre la ligne du Chemin de fer, dès son ouverture, nous arrivons aux résultats suivans pour la masse à transporter dans chaque direction.

Transports à la descente.

Nous avons vu qu'il se transporte actuellement 112,000 tonnes de houille. L'économie d'environ 25 pour 100 offerte au commerce par le Chemin de fer, la régularité de son service, lui attireront la préférence pour cette quantité : ci.................. 112,000 tonn.

Bouteilles........................... 5,000

Marchandises de toute espèce, telles que quincaillerie, clous, armes à feu, etc., venant de Saint-Étienne. 8,000

A reporter..... 125,000

Report.....	125,000
Marchandises venant du midi par eau..	20,000
Idem. . . . . par terre.	12,000

Retours.

Plâtres.	8,000
Vins.	4,000
Terres réfractaires venant d'Auvergne et arrivant à Feurs, poterie, chanvre, grains de l'Allier, etc., par approximation.	1,000
Total du mouvement actuel.	170,000
Mais si, au lieu de 112,000 tonnes de houille seulement, nous comptions le tonnage de 250,000, tel qu'il est sur le canal de Givors (*Bulletin* déjà cité), nous aurions une augmentation de....	138,000
qui, avec les minerais et les produits accessoires	12,000
fourniss. un total de mouvem. présumé	320,000 tonn.

Ainsi, le mouvement effectif qui aura lieu dès l'ouverture du Chemin de fer ne saurait être moindre que **170** MILLE TONNES, et atteindra même, selon toute probabilité, en très peu de temps un total effectif de **320** MILLE TONNES.

Nous avons vu que les marchandises venant du midi prendraient infailliblement la direction des Chemins de fer pour se rendre au nord et à l'ouest de la France. Il nous reste à prouver, pour ôter toute incertitude sur la masse de transports indiquée, que, dans la vallée de la

Loire et à Paris, les houillères de Saint-Étienne ne sau-
raient avoir de concurrence redoutable.

Les seules mines de houille qui puissent entrer en rivalité, soit actuellement, soit à l'avenir, sont celles

De Blanzy, sur le canal du Centre ;

De Decize, sur les bords de l'Aron ;

De Commentry, 15 lieues de Montluçon ;

Enfin, celles du Nord, qui arrivent à Paris par le canal
de Saint-Quentin.

Les mines de Blanzy et de Decize ne fournissent que
de la houille impropre à la forge et à la fabrication du
coke pour les hauts-fourneaux ; elles ne peuvent par conséquent nuire au débit des houilles de Saint-Étienne.

La houille de Commentry est de beaucoup inférieure
en qualité à celle de Saint-Étienne. Voyons néanmoins
si la différence du prix, lorsque le canal du duc de Berry
sera terminé, pourrait établir une compensation pour
certains usages.

Prix de la voie de 30 *hectolitres, ou* 2^{t}, 4 *de houille
de* Commentry *rendue à Paris.*

Achat sur la mine, à raison de 1 f. l'hectolitre. 30^f
Transport par terre à 15 kilomètres, pour se
rendre de la mine au canal du Berry. 18
Chargement en bateaux à Montluçon. 1,50
La distance à parcourir sur le canal de Berry
jusqu'à la Loire est de 117 kilomètres, le droit
de péage étant de 4 centimes par kilomètre et
par mètre cube de houille, pour les 3 mètres

                                         A reporter. 49,50

Report. . . . . . . 49^f,5o

cubes et pour toute la ligne, ci 14,04

Frais de halage et de location de bateau portant 3o mètres cubes, pour dix jours 100 f., et pour 3 mètres cubes. 10

Retour du bateau vide, *idem* 10

Péage pour le retour à raison de 0,13 par bateau et par kilomètre, pour 3 mètres cubes et toute la distance. 1,52

Déchargement à l'arrivée ou transbordement. 1,50

37,06

Total par voie rendue à Nevers. 86,56

Du point de réunion des deux canaux à Briare, sur une longueur de 90 kilomètres, à raison de 14^{cent.},3 par voie et par kilomètre, tout compris. 12,87

De Briare à Paris. 19,33

Prix total de la voie de charbon de Commentry rendue à Paris. 118,76

Or, la voie de houille de Saint-Étienne coûtera rendue à Paris. 83,88

Idem, à Nevers. 62,81

Avantage en faveur de celle-ci par voie à Paris. 34,88

et à Nevers. 35,75

Ainsi, loin que l'infériorité dans la qualité de la houille de Commentry puisse être compensée par une diminution de prix, elle sera, au contraire, plus chère que celle de Saint-Étienne.

Houilles du département du Nord.

Dans l'état actuel des communications, la houille de Saint-Étienne arrive à Paris grevée de frais énormes de transport; cependant, malgré un excédant de 20 francs par voie de Paris, elle obtient une préférence exclusive sur les charbons du Nord, pour l'éclairage au gaz, les verreries, la forge, et en général pour tous les usages où la houille grasse est nécessaire. Un fait aussi positif exclut toute idée de rivalité pour cette qualité, qui forme la majeure partie de la houille consommée dans la Capitale ou dans les établissemens qui se trouvent dans ses environs, surtout lorsque la voie actuelle aura reçu tous les perfectionnemens dont elle est susceptible. La concurrence ne pourrait donc porter que sur la houille en gros morceaux destinés aux usages domestiques auxquels ce combustible sera, selon toute probabilité, employé dans la suite. Voyons si, pour la houille de cette nature, les prix pourraient permettre une rivalité.

Prix d'une tonne de houille d'Anzin, département du Nord, rendue à Paris.

Achat à Anzin d'une tonne de houille en gros morceaux 30ᶠ

Transport au bateau et chargement. 1

A reporter. 31

Report. . . . . . 31^t

De Valenciennes à Cambray, sur l'Es-
caut, 32 kilom., pour péage et pour
fret. 0,90

Traversée du canal Saint - Quentin ,
péage. 1,90

Traversée du canal Manicamp, 4$^{kil.}$,8,
péage. . . . . 0,10 } 18

Fret sur ces deux canaux. 2,00

Traversée de l'Oise, 125 ki-
lomètres , pour fret.. . . . . . 2^f,20 } 11,40

Droits de navigation. . . . 9,20)

Navigation de la Seine , pour tous
frais. 1,70

Prix total d'une tonne de houille d'Anzin ren-
due à Paris 49

Ce qui remet le prix de la voie mesure de
Saint-Étienne. 117,60

Idem, mesure de Paris. 58,80

Or, la voie de charbon de Saint-Étienne, en gros frag-
mens , mesure de cette ville , coûtera par la nouvelle
ligne de communication :

Frais de transport. . . . . 85^f 94

Achat sur la mine 24

Total . . . 109^f 94

Et la voie de Paris 54,97

Cette différence de prix , en faveur de la houille de
Saint-Étienne, suffira pour lui faire accorder la préférence.

De ce qui précède nous pouvons conclure que , soit pour les nombreuses usines répandues dans la vallée de la Loire, soit pour l'approvisionnement de Paris et des environs, les houilles de Saint-Étienne n'ont à redouter aucune concurrence fâcheuse.

§ V.

Devis et estimation des dépenses de premier établissement du Chemin de fer d'Andrezieux à Roanne, sur une longueur de 80 kilomètres.

La route avec deux voies de 1^m,5o chaque, aura 6 mètres de couronnement et 2 mètres de fossés.

On doit évaluer ainsi qu'il suit la dépense par mètre courant, pour la construction de la route et l'établissement de la double voie en fer.

ART. 1er.

Achat de terrains........... 3 fr.
Terrassemens............. 6
Ponts et autres ouvrages d'art. 6

15 fr. (1)

---

(1) Ces calculs sont fondés sur les données d'expérience toutes récentes, empruntées aux localités mêmes. La grande route de Roanne à Saint-Étienne, que l'on prolonge en ce moment jusqu'à Tournon sur le Rhône, vient d'être achevée entre l'Hôpital et la Goyonnière, dans une étendue de 56 kilomètres et demi , sur la rive droite de la Loire. Cette route a 10 mètres de couronnement et 3 mètres de

Pour 80 kilomètres. . . . .   1,200,000^f

ART. 2.

Établissement de la voie en fer.

(1) 56 kil. de fer forgé à 0,55. 30^f,80

(2) 4 dés en pierre à 2 fr.   8

   Supports en fonte, 11 kil. à

     0^f,47.   5,17

   Chevilles en chêne, clous et

     coins.   1,90

   Pose des rails.   6,50

   Total par mètre courant. . 52,37

Le kilomètre coûtera 52,370 fr.

Et 80 kilomètres.   4,189,600

ART. 3.

(3) Frais généraux d'administration,

         A reporter.   5,389,600

---

fossés; elle a coûté, par mètre courant,

   Pour achat de terrain. . . . .   2^f,66

   Terrassemens.   4,55

   Ponts et autres objets d'art.   3,99

Le Chemin de fer, s'il est tracé sur la rive droite de la Loire, aura à traverser les mêmes terrains que cette route; ainsi, en portant les prix au-dessus de ce qu'elle a coûté, pour une largeur de 8 mètres seulement, nous pensons être au-dessus des dépenses réelles que coûtera cette construction.

(1) Pour le chemin de fer en construction de Saint-Étienne à Lyon, les barreaux pèsent 152 kil. par mètre courant, et le fer coûte à la Compagnie 52 c. le kil.; ce qui ne porte le mètre courant qu'à 28^f,04.

(2) Les blocs de pierre pour ce même chemin ne coûtent que 1 fr.

(3) Les frais généraux d'administration se sont élevés, pour le che-

Report....   5,389,600

pour teneurs de livres, caissiers, conducteurs de travaux et autres employés, dépenses de bureaux, voyages, conduite des travaux, etc.   800,000

ART. 4.

Plans inclinés avec machines stationnaires, ou souterrain (1) de 1200 mètres environ, à 400 fr. le mètre courant, en raison de la dureté du terrain à traverser..................   480,000

ART. 5.

Travaux accessoires.

Magasins à Roanne et sur la ligne, grues, bascules..... 300,000	}	600,000
(2) Pont sur la Loire.......... 300,000		

Total des frais de construction...   7,269,600

---

min de fer de Saint-Étienne à Andrezieux, à 11 fr. par mètre courant. Ces frais étant loin d'être proportionnés à la longueur du chemin, nous avons cru faire la part large pour celui-ci en la portant à 800,000 fr.

(1) Les frais de percement du souterrain auprès de Saint-Étienne au Janon, dans un grès très dur, coûtent 250 fr. le mètre courant, et à peu près autant de maçonnerie. Le souterrain dont il est ici parlé devra être percé à travers un granit trèsdur, mais qui dispensera de la maçonnerie ; en sorte que les frais ne s'élèveront pas à plus de 400 fr. le mètre courant.

(2) Cette dépense n'aurait pas lieu si le chemin était tracé sur la rive droite, et que l'administration permît de placer un rail sur l'un des trottoirs du pont de Roanne. Un pont sur la Loire, à Andrezieux, vient d'être adjugé à une compagnie ; les devis qu'elle a fait dresser s'élèvent à 280,000 fr.

Report. . . .   7,269,600^f

ART. 6.

Matériel nécessaire pour les transports.

700 chariots à 700 fr. l'un. . . .   490,000

ART. 7.

(1) 30 mach. locomotives à 15,000.   450,000

Total des frais du matériel. . .   940,000   940,000

Total des dépenses de construction et du matériel, en supposant le chemin à 2 voies.   8,209,600

Si l'on ne faisait d'abord qu'une voie avec des doubles passages de distance en distance, on aurait une économie d'au moins 2 millions sur l'art. 2 seulement, de sorte qu'en laissant toutes les autres dépenses au même taux, les frais de construction et de matériel seraient réduits à.   6,209,600

Frais imprévus $\frac{1}{10}$.   620,960   820,960

A reporter. . . .   6,830,560   9,030,560

---

(1) Aux mines de houille de Killingworth, près Newcastle, les machines locomotrices traînent 5 tonn. par force de cheval, en parcourant 80 kilomètres par jour, avec une vitesse de 9,600 mètres à l'heure (le jour est de 12 heures, y compris les arrêts). Une machine de 10 chevaux transporterait 7,500 tonn. par an, et les 30 pourraient conduire 225,000 tonn. à 80 kilom.

(34)

Report.... 6,830,560^f 9,030,560^f

ART. 8.

Intérêt à 4 p. 100 à servir aux
actionnaires à compter de
leurs versemens successifs,
Pendant 5 ans ou 0,1 du capit.   903,056
Pendant 4 ans ou 0,08.....   546,445

Total général de la dépense
d'établissement et de matériel, intérêt compris, pour
une longueur de 80 kil... 7,377,005   9,933,616

Ainsi, l'on voit qu'en admettant une dépense totale de 10 millions pour un chemin à deux voies, ou de $7\frac{1}{2}$ millions pour une seule voie, nous resterons au-dessus des dépenses probables ; à plus forte raison, si nous adoptions 8 millions pour le dernier cas.

Dépenses annuelles d'entretien et de transport.

ART. 9.

Frais d'administration et de garde après
l'achèvement et la mise en perception
du chemin.........................   60,000

ART. 10.

Frais d'entretien à $1\frac{1}{2}$ p. 100 environ du
capital employé pour la construction et
l'établissement du chemin..........   100,000

A reporter....   160,000

Report....   160,000ᶠ

ART. II.

Frais de transport.

La dépense d'une machine locomotive
se compose (1) :

De la houille consommée, 100 kil.
    par heure; pour 14 heures par
    jour, 1400 kil., et pour 300 jours,
    à 1 fr. les 100 kil............ 4,200
De l'eau consommée, 12 tonnes...   200
Remplacement et réparation, 20
    p. 100 du capital............ 3,000
Un machiniste et deux aides, à
    3,000 fr. par an............. 3,000
Huile, suif, chanvre, etc........   600

Total de la dépense pour chaque
    machine locomotive.......... 11,000
Pour les 30...................   330,000

A reporter....   490,000

---

(1) Les machines locomotives des houillères de Killingworth, mar-
chant 12 heures par jour, consomment annuellement 33 tonn. de
houille par force de cheval, ce qui équivaut à 385 tonn. pour une
machine de 10 chevaux travaillant 14 heures par jour, ou à une dépense annuelle, au prix de la houille dans notre localité... 3,850 fr.

Les frais d'entretien pour chaque machine ne s'élèvent
    qu'à...   650
Et ceux de machinistes à............................... 2,625

Report.... 490,000^f

ART. 12.

Entretien des chariots et du reste du matériel , savoir :

Chariots...................... 490,000
Grues, bascules, etc............ 110,000

Total............ 600,000

A 10 pour 100.......................... 60,000

Total des frais annuels.......... 550,000

ART. 13.

Intérêt du capital effectif de 10,000,000 à
4 pour cent......................... 400,000
Somme annuelle à couvrir avant les béné-

fices.................................. 950,000

§ VI.

*Tonnage nécessaire pour obtenir 10 pour 100 du
capital employé pour la construction du Chemin de fer.*

On a vu que les dépenses annuelles s'élevaient à.............................. 950,000
Si l'on veut obtenir un dividende de 6 p. 100,
sur 10 millions, il faut ajouter............ 600,000

Total des revenus pour que les capitaux rap-
portent 10 pour cent.................... 1,550,000

Ainsi, il faudrait que le Chemin de fer donnât un produit brut annuel de 1,550,000 fr. : voyons quel est le
tonnage nécessaire pour l'obtenir.

Le tarif étant de $14\frac{1}{2}$ centimes par tonne et par kil. à
la descente, et de $17\frac{1}{2}$ à la remonte, pour le réduire en
moyenne, nous admettrons que les quantités de la remonte ne sont à celles de la descente que dans la propor-
tion de 1 à 5. Dans cet état de choses, le tarif moyen serait de 15 centimes par kilomèt., ou de 12 fr. pour les
80 kilomèt. d'Andrezieux à Roanne. Le nombre de tonnes
nécessaires sera $\frac{1550000}{12} = 129,167$. Ainsi, un transport
de 129,167 tonnes assurera un revenu de 10 pour 100 des
capitaux.

Mais nous avons vu que les transports déjà existans
dans cette direction s'élevaient à 170,000 ou à 40,833 de
plus que le nombre précédent. Le service du matériel
ayant été calculé pour effectuer cette masse de transports,
les produits ultérieurs donnés par les 40,833 tonneaux
excédans seront en pur bénéfice, et élèveront ainsi de
$40 \times 12,833$ ou de 490,000 le dividende de l'entreprise;
on obtiendra donc alors 14,9 pour 100.

Lorsque le Chemin de fer aura atteint 300,000 tonneaux,
ou les $\frac{5}{n}$ du mouvement qui a lieu sur le Rhône par le
canal de Givors, il faudra doubler les dépenses du personnel et du matériel, ou les porter à 1,100,000 fr.;
mais alors les produits bruts étant de plus de 3 millions,
le revenu net ne s'en élèverait pas moins à 21 pour 100.

Si le Chemin de fer n'était établi qu'avec une seule
voie, de manière à n'exiger qu'une mise de fonds de
7,500,000 francs il suffirait, pour en obtenir un revenu net
de 10 pour 100, qu'il y passât 85,000 tonnes; car pour

cette quantité les frais du matériel et du service se rédui-
raient à 275,000 fr. qui, joints aux 10 pour 100 du capital 7,500,000, formeraient un total de 1,025,000 fr. à
peu près équivalent au produit brut des 85,000 tonnes.

Enfin, pour en obtenir un produit de 6 pour 100, il
suffirait de 55,000 tonnes ; car les frais se réduisant alors
à 210,000 fr., le revenu net demeure égal à 55,000 fois 12
moins 210,000 ou à 450,000 fr.

Quelques personnes pourront penser que les entrepre-
neurs de transports par la Loire auraient la possibilité,
en diminuant leurs prix, de soutenir la concurrence du
Chemin de fer. Voyons jusqu'à quel point la tentative
peut avoir lieu.

D'abord, tous les transports à la remonte sont assurés au
chemin, puisque la navigation est impraticable dans cette
direction. D'un autre côté, les produits de l'industrie de
Saint-Étienne et ceux du midi ne peuvent, en raison de
leur valeur, s'exposer aux retards et aux risques de la descente de la Loire, et il y a bien moins de chances pour
qu'ils le fassent davantage, lorsque le nouveau chemin
leur aura offert une voie plus économique que celle du
roulage, adoptée aujourd'hui. C'est donc sur la houille
seule que pourrait porter la concurrence ; or, si de 170,000
tonnes que nous avons vu former le mouvement de cette
ligne, nous retranchons 112,000 tonnes de houille, il
restera 58,000 affectées inévitablement au Chemin de fer
et qui donneront un produit de 696,000. Maintenant
il est loisible à la Compagnie de réduire son tarif sur la
houille à la moitié, au tiers, au quart même du prix actuel de transport, tout en se conservant un revenu net
de plus de 6 pour cent ; car en supposant, par exemple,

qu'elle ne perçoive que 4 fr. par tonneau de houille au
lieu de 15 fr. que paie le commerce, le produit de cet
article sera........................... 448,000 f.
qui, joint au produit ci-dessus....... 696,000
donne............................... 1,144,000
revenu plus que suffisant pour payer les frais et fournir
en outre le dividende annoncé. Ainsi, même à ce taux, le
Chemin de fer continuerait à prospérer, tandis que la navigation des bateaux de la Loire condamnerait à une
perte continue de 11 fr. sur 15, ou de plus de 73 pour
cent, ceux qui auraient la témérité de tenter la concurrence ou qui seraient assez aveugles pour vouloir la soutenir.

Il est une dernière considération qui n'échappera point
aux esprits méditatifs, c'est l'incompatibilité qui existe
nécessairement entre la prospérité du commerce et un
système de transports où les frais, loin de décroître re-
lativement par la multiplicité des opérations, deviennent au contraire de plus en plus onéreux.

Il en résulte que ce système est opposé à tout développement d'industrie, et réciproquement que tout progrès
dans les exploitations devient funeste pour un mode de
transports dont les frais sont croissans. Ainsi, parce qu'on
ne peut construire plus de 4,000 bateaux par an, l'industrie minérale de Saint-Étienne se trouve limitée à l'exportation de 112,000 tonnes; et si, malgré ces obstacles, les
exploitations pouvaient doubler d'importance, les en-
trepreneurs de transports seraient ruinés par la cherté
excessive des bateaux et des salaires, ou bien ils impose-
raient des charges énormes sur les exploitans et les con-
sommateurs.

Le Chemin de fer, au contraire, trouverait sa prospérité dans l'accroissement du commerce, et réciproquement les progrès de celui-ci seraient provoqués par le succès du premier. Le Chemin de fer peut en effet suffire, sauf une légère augmentation dans les frais annuels, à des transports doubles ou triples, et tout l'excédant de ces transports se résout alors presque entièrement en bénéfices nets.

La prospérité du Chemin de fer peut aussi féconder de nouvelles sources d'industrie et développer les anciennes; car alors, sans voir diminuer ses produits, la Compagnie peut abaisser son tarif en faveur des denrées abondantes dont la quantité accrue la dédommagerait amplement de la modicité du prix. Ainsi, l'établissement du Chemin de fer fournit la solution du problème, souvent difficile, de l'union de l'intérêt général avec la prospérité individuelle.

Enfin, comme pour épuiser tous les aspects de la question économique, il reste à examiner quel sera, dans cette mutation, le sort du personnel existant, c'est-à-dire des bateliers, des charpentiers de bateaux, et des propriétaires forestiers. Le sort des deux premières classes pourrait surtout inspirer un vif intérêt, si l'établissement du Chemin de fer devait les priver de toute ressource ; mais comme la nouvelle voie, en raison de la masse croissante de ses transports, aurait bientôt de quoi employer un personnel beaucoup plus considérable que celui d'une navigation bornée et intermittente de sa nature, on voit que la Compagnie serait à même d'occuper activement ceux de ces ouvriers qui voudraient franchement coopérer à ses travaux, et d'ajouter à cet avantage des habitudes d'ordre et d'économie qui sont impossibles dans l'état actuel des choses.

Quant aux propriétaires des forêts, dont le nombre est d'ailleurs si restreint, ils pourront, indépendamment des nouveaux débouchés créés par l'ouverture des chemins de fer de la Loire au Rhône, et par les besoins toujours croissans de l'industrie et de la consommation générale, il pourront, disons-nous, trouver de l'avantage à expédier leurs bois à l'état sain, et dans les échantillons demandés par le commerce, au lieu de les faire dépécer et façonner pour bateaux, de les percer et détériorer en les hérissant de clous et de chevilles, et enfin de les vendre à vil prix pour bois de déchirage.

En résumé, nous voyons que le Chemin de fer est destiné à ouvrir et à féconder les sources les plus importantes de toute richesse, sans nuire sensiblement à aucune, même à celles qui ne tiennent qu'un rang secondaire.

Enfin, l'on voit que dans les hypothèses les plus défavorables, qui sont celles où il ne passerait sur le chemin que le tiers ou le quart des marchandises formant la circulation actuelle, ses revenus n'en restent pas moins assurés, et que, dans le cas contraire, ils s'élèvent à un taux dont, en France, on n'a vu encore des exemples que dans la localité qui nous occupe, c'est-à-dire sur le canal de Givors et sur le chemin de Saint-Étienne à Andrezieux.

Tels sont les résultats que l'on doit attendre dans l'état actuel des choses ; mais il est évident qu'ils ne se borneront pas à ce seul développement. Les usages de la houille se multiplient chaque jour davantage, et la consommation n'en est limitée dans la vallée de la Loire que par l'impossibilité actuelle d'un transport plus considérable, en raison de la difficulté des communications. Les établissemens de gaz de Paris consomment de préférence de la houille de Saint-Étienne, reconnue la meilleure pour cet usage; ces établissemens prospéreront lorsque les nouvelles voies les feront jouir d'une diminution de 20 francs par voie de 30 hectolitres sur les prix actuels de la houille. Ce que nous disons des établissemens de gaz peut s'appliquer aux verreries et à une foule d'autres usines qui luttent actuellement avec difficulté contre la concurrence intérieure et étrangère , et dont la marche sera assurée par l'abaissement de prix du combustible minéral.

§ VII.

Du Chemin de fer de la Loire, considéré comme complétant la communication du nord avec le midi de la France.

Il existe une ligne de communication presque complète du midi au nord, ou de la Méditerranée à la Manche et à l'Océan; c'est celle qui remonte le Rhône, le canal de Givors ou le chemin de fer du Rhône à Saint-Étienne, qui descend le chemin de fer de Saint-Étienne à la Loire, et, un moment interrompue entre Andrezieux et Roanne, se prolonge par la navigation de la Loire et les canaux latéraux, d'une part jusqu'à l'Océan, de l'autre jusqu'à Briare et de là jusqu'à la Seine, vers Paris et le Havre. Dans cette longue ligne de 1200 kilomètres, il n'existe qu'une courte lacune de 8 myriamètres. C'est à la combler qu'est destiné le Chemin de fer projeté, et à faciliter les échanges des riches produits de l'agriculture du midi avec ceux de l'industrie plus perfectionnée des départemens du nord. C'est par cette voie que viendront s'échanger les vins du Languedoc et des côtes du Rhône; les huiles de Provence, les eaux-de-vie de Montpellier, de Pézénas, de Béziers; les sels des Bouches-du-Rhône, les marrons dits de Lyon, c'est-à-dire de l'Ardèche et de la Haute-Loire; les soieries de Vaucluse, du Gard, de Lyon; les savons de Marseille, etc. En retour, on verra circuler les minerais, les produits métallurgiques, les métaux ouvrés, les machines et pièces de mécanique, et tous ces produits variés de l'industrie parisienne que la mode ou le bon goût ont mis en possession de la fourniture des provinces.

Avant l'achèvement du Chemin de fer de la Loire, cette grande ligne aura reçu d'importantes améliorations qui tourneront à l'avantage de cette entreprise. Au midi, le Gouvernement fait terminer le canal d'Arles à Bone, qui doit conduire du Rhône à Marseille, et les canaux des Étangs qui doivent aboutir jusqu'au canal du Languedoc, et par suite jusqu'à Bordeaux. Des compagnies s'occupent d'organiser sur le Rhône la remorque par la vapeur, tandis que les ingénieurs tracent le projet d'un canal latéral à ce fleuve. MM. Séguin frères et Biot terminent le chemin de fer du Rhône à Saint-Étienne. Au nord, le Gouvernement achève le canal latéral à la Loire, sur 200 kilomètres de longueur; il ouvre une nouvelle jonction de ce fleuve avec la Seine par le canal du Nivernais, tandis que la compagnie du canal de Briare améliore la communication existante, en reconstruisant les écluses de son

canal pour les approprier à l'importance des transports,
dont l'accroissement, déjà si rapide, deviendra incalcu-
lable à la suite de tant de perfectionnemens simultanés.

Notre Chemin de fer communiquera aussi avec l'ouest
de la France et avec l'Océan, par une voie beaucoup plus
directe, celle du canal du Berry, qui, venant aboutir à
Tours, et par suite jusqu'à Nantes, échangera les produits de l'industrie minérale de Saint-Étienne avec les
denrées coloniales, les pêcheries, les bois exotiques, que
la marine verse avec abondance dans le port de Nantes.

Pour tous ces transports, la ligne de notre Chemin de
fer n'aura point de rivale.

En effet, du midi au nord, il n'existe point de ligne
de communication praticable de la Garonne, de la Dor-
dogne ou du Lot avec la Loire. Pendant long-temps même
il sera impossible de songer à en établir, à cause de la
barrière formidable élevée par le massif des montagnes
du Cantal, du Mont-d'Or, de la Lozère, des Cévennes,
qui d'une part se prolonge jusqu'au littoral de l'Océan,
et de l'autre vient former les croupes escarpées du versant
du Rhône. Ainsi, jusqu'à ces époques reculées, la communication la plus rapprochée de l'ouest ne pourra avoir
lieu que par le Rhône et la Loire, et rendra exclusif,
sous ce rapport, le passage du Chemin de fer.

A l'est, on ne peut encore suivre que le cours du
Rhône; mais arrivé à Givors, on pourra continuer la
remonte du Rhône, effectuer celle de la Saône, et passer
à volonté en Loire par le canal du Centre, ou en Seine
par celui de Bourgogne. Mais la difficulté de la remonte
du Rhône et de la traversée de Lyon, celles de la remonte de la Saône, qui manque d'eau six mois de l'an-

née, et enfin le retard occasioné par les détours et les écluses du canal du Centre, empêcheront de prendre cette voie aussitôt qu'il s'en présentera une autre plus directe et plus facile ; à plus forte raison, évitera-t-on le passage du canal de Bourgogne, qui exigera une remonte plus prolongée de la Saône, le passage d'un plus grand nombre d'écluses (près de 200), et enfin la navigation pénible et intermittente de l'Yonne. Tout assure donc au Chemin de fer une préférence exclusive et méritée (1).

Pour compléter cette revue des avantages du Chemin de fer, il reste à signaler la communication qu'il établira de la France centrale avec les départemens frontières et les pays étrangers. Ainsi, par le Rhône et l'Isère, une voie se trouvera immédiatement établie vers le Dauphiné, la Savoie et l'Italie ; par le Rhône supérieur, avec Genève et la Suisse ; par le Rhône, la Saône et le canal de Monsieur, avec l'Alsace et l'Allemagne ; par la Loire, la Seine et l'Oise, avec la Flandre et les Pays-Bas, ou avec le Havre et l'Angleterre ; par la Loire et le canal de Berry, avec Nantes et le littoral de l'Océan ; par les routes de Saint-Étienne à Tournon, au Puy ou à Toulouse, et par le chemin de fer du Rhône, avec tout le midi·de la France et le littoral de la Méditerranée.

---

(1) Cette conclusion ressort avec évidence du tableau qui termine ce paragraphe, et que nous devons à M. Beaunier, inspecteur divisionnaire des mines, et directeur du Chemin de fer de Saint-Étienne à la Loire.

TABLEAU comparatif des trois Voies qui seront ouvertes au commerce entre le Rhône (à Givors près Lyon) et Paris.

	LONGUEUR DU TRAJET EN MÈTRES.						Élévation du point de partage des canaux au-dessus de la mer.	Nombre des écluses à franchir.	Temps des trajets, en ne supposant aucune interruption	Interruption présumée des transports pendant l'année.	Prix du transport de 1000 kilogr.
	Chemins de fer.	Rivières en remontant.	Rivières en descendant.	Canaux à point de partage.	Canaux latéraux.	Longueur totale.					
1re VOIE. *Chemin de fer.* Chemins de fer de Givors à Roanne; canal latéral de Roanne à Briare; canaux de Briare et du Loing; la Seine.	mèt. 139973	néant.	mèt. 75000	mèt. 108763	mèt. 245000	unit. 568736	mèt. 165.74	119	35 j. 4 h.	Point d'interruption sur les chemins de fer; presque point sur les canaux latéraux; peu sur les canaux de Briare et de Loing.	f. c. 39 78
2e VOIE. *Canal du Centre.* De Givors à Lyon par le Rhône; de Lyon à Châlons par la Saône; canal du Centre; canal latéral de Digoin à Briare; canaux de Briare et de Loing; la Seine.	néant.	158000	75000	223763	190000	646763	313.28	183	47 »	Interruption de la navigation de la Saône et du canal du Centre pendant près de six mois de l'année.	51 52
3e VOIE. *Canal de Bourgogne.* De Givors à Lyon par le Rhône; de Lyon à Saint-Jean-de-Losne par la Saône; le canal de Bourgogne, l'Yonne et la Seine.	néant.	216000	192374	243239	néant.	651613	426.32	195	44 12	Il y a disette d'eau dans le canal de Bourgogne pendant une partie notable de l'année, et l'Yonne est d'une navigation très incertaine.	59 »

§ VIII.

*De l'augmentation du mouvement commercial,
et des produits du Chemin de fer.*

Nous avons déjà vu que les transports du Chemin de fer
pouvaient s'élever à 320,000 tonn. au moins, en prenant
pour base les masses de transports de houille existant sur
le canal de Givors, dont la position et la destination sont
absolument analogues à celles du chemin de la Loire.
Nous allons ajouter quelques nouvelles considérations
sur le développement rapide que prendra le commerce
par suite de l'ouverture de la nouvelle voie.

Le bassin de la Loire, en ne comptant que les départemens qui se trouveront en communication hydrau-
lique avec le Chemin de fer ; ce bassin, disons-nous,
est deux fois plus étendu et plus peuplé que celui du
Rhône et de la Saône qu'alimente de houille le canal de
Givors. Si l'on y ajoute les départemens de la vallée de la
Seine qui communiquent par eau avec la Loire, on verra
que le Chemin de fer aura à desservir la consommation
d'un arrondissement trois fois plus important que celui
du Rhône, et par conséquent qu'il devra donner lieu à
un mouvement trois fois plus considérable. Nous l'avons
cependant, dans nos calculs, réduit à moitié de ce dernier, c'est-à-dire au sixième de ce qu'il doit devenir.

Le bassin de la Loire est le plus riche de tous en
établissemens métallurgiques, dont la plupart s'alimen-
tent encore en charbon de bois. La substitution nécessaire de la houille à un combustible dont la cherté va

croissant d'année en année, donnera un développement nouveau aux transports de la houille, que l'on appliquera aussi, d'une manière plus étendue, à la fabrication de la chaux, du plâtre, des poteries, etc.

La ligne de transit du midi au nord acquerra une nouvelle importance à la suite des améliorations obtenues sur le Rhône, et de l'ouverture d'une navigation continue sur le cours de la Loire. Déjà, dans l'état actuel, il monte sur le Rhône 120,000 tonneaux de marchandises diverses, et il descend à peu près la même quantité. Lors même que le Chemin de fer ne prendrait que le sixième de cette masse des transports, cela donnerait encore un accroissement de 40,000 tonneaux.

Il est difficile aujourd'hui de calculer quelle activité nouvelle recevra la ligne de communication de la Loire, par l'ouverture des canaux latéraux à ce fleuve, par la construction du canal de Nivernais, du canal de Berry, par l'achèvement du chemin de fer de Saint-Étienne à Lyon, et par la route de la même ville à Tournon sur le Rhône. Ces importantes améliorations, dans des pays où jusqu'ici on avait laissé presque tout à faire à la nature, doivent en changer la face. Que l'on compare l'impulsion donnée au bassin houiller de Rive-de-Gier par l'ouverture du petit canal de Givors, et que l'on juge ce que produiront 160 kilomètres de chemins de fer et 700 kilomètres de canaux, tant latéraux à la Loire que s'y embranchant.

En temps de guerre, les communications du midi au nord de la France deviennent impossibles par mer, et les marchandises prennent nécessairement la voie de l'intérieur. Cette circonstance, loin de diminuer les pro-

4

duits des chemins de fer, ne tendrait donc qu'à les augmenter : on sait quelle activité le roulage avait prise pendant la dernière guerre sur la route de Marseille à Paris,
et quel mouvement fut imprimé à la navigation sur le
Rhône, la Saône et le canal du Centre.

Les usines du Gouvernement, situées la plupart dans
le bassin de la Loire, pourront, par la voie des chemins
de fer, approvisionner avec célérité les ports de la Méditerranée, et elles recevront en retour les houilles de
Saint-Étienne, alimens nécessaires de leurs travaux. Cette
communication et ces expéditions de houille deviendront
d'autant plus importantes, que tous les jours on fait dans
les constructions navales un emploi du fer de plus en
plus étendu, et que la marine royale adopte l'usage des
machines et des bâtimens à vapeur.

Nous n'étendrons pas davantage ces considérations, qu'il
serait facile d'appliquer à beaucoup d'objets analogues ;
ce qui précède suffit pour montrer que le Chemin de fer
de la Loire ne sera pas une entreprise stationnaire de sa
nature, mais que son activité et ses produits marcheront
de pair avec tous les genres de prospérité qui se dévelop-
pent rapidement dans la vaste vallée du premier fleuve
de la France, et que ce chemin lui-même sera un des vé-
hicules les plus puissans de cette prospérité.

LÉGENDE DE LA CARTE.

On voit dans cette esquisse le Rhône et la Loire coulant en sens contraires et se rapprochant vers Saint-Étienne. C'est ce court espace que la nature désignait pour la jonction la plus favorable des deux fleuves.

Le projet a reçu en 1827 un commencement d'exécution par l'établissement du premier Chemin de fer de Saint-Étienne à la Loire jusqu'à Andrezieux, sur 20 kilomètres de longueur.

La seconde partie du projet, ou le deuxième chemin tracé de Saint-Étienne au Rhône et à Lyon, sur 60 kilomètres, est maintenant en construction, et il est établi, comme on voit, dans la vallée du Gier et sur la rive gauche de Rhône.

Le complément de cette communication doit être effectué par le troisième chemin, tracé latéralement à la Loire d'Andrezieux à Roanne, sur 80 kilomètres de longueur, se terminant à un point où la Loire est navigable à la remonte comme à la descente, et où viendront aboutir les canaux latéraux à ce fleuve, depuis Roanne jusqu'à Briare.

Ces canaux sont désignés sur la carte, ainsi que ceux qui s'y embranchent, savoir :

Le canal du Centre, qui fait communiquer la Loire avec la Saône, par Digoin et Châlons.

Le canal de Nivernais, qui communique avec l'Yonne et la Seine, par Decize et Auxerre, et ouvre une nouvelle voie vers Paris.

Les canaux de Briare et de Loing, dont la communication de Loire en Seine est assez connue.

Le canal de Berry, qui unit la Loire au Cher, et ouvre une route plus directe vers la basse Loire, c'est-à-dire vers Tours, Nantes et l'Océan.

Le versant du Rhône ne présente pas de travaux aussi importans; toutefois la navigation de ce fleuve, améliorée par l'usage des remorqueurs à vapeur, aura un débouché plus commode par la construction du canal d'Arles au port de Bouc, et ses communications avec le sud et l'ouest de la France vont se trouver parfaitement assurées par la construction des nouveaux canaux des Étangs qui, en continuant le canal de Beaucaire, l'unissent avec le port de Cette, le canal du Midi et la Garonne.

FIN.

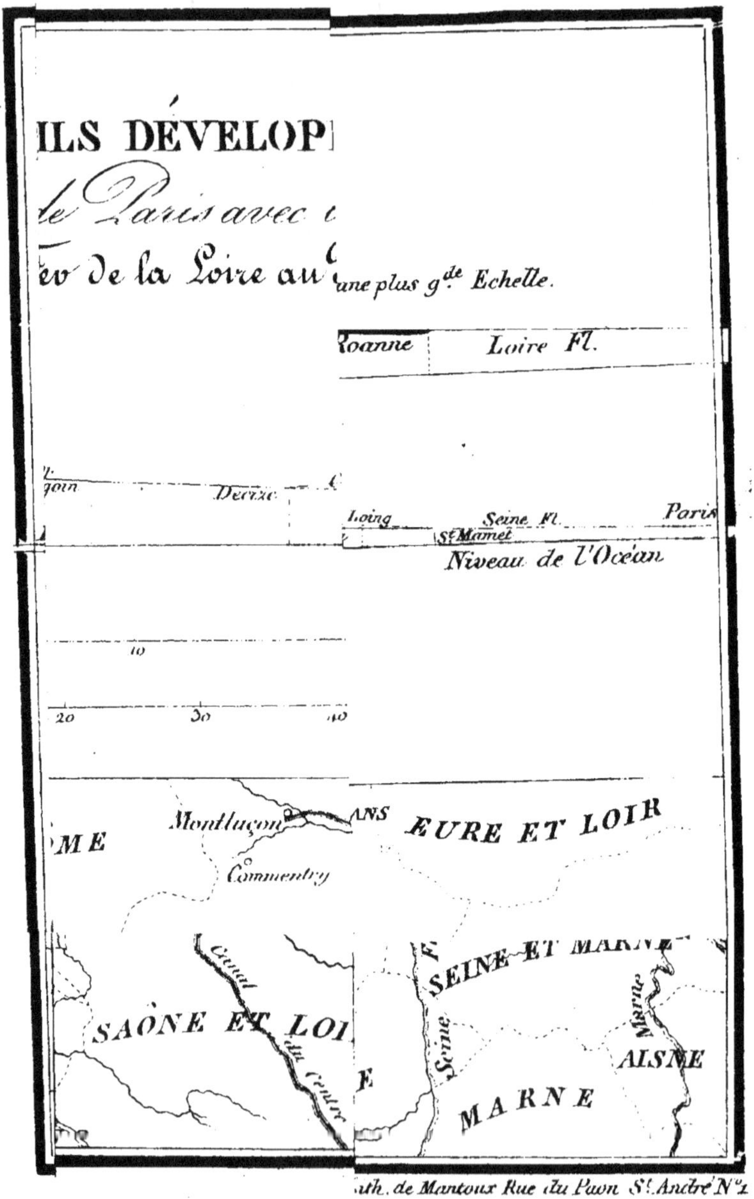

ILS DÉVELOP
le Paris avec
v de la Loire au une plus g.de Echelle.
Roanne | Loire Fl.
goin   Decize
Loing   Seine Fl.   Paris
St Mamet
Niveau de l'Océan
10
20   30   40
ME   Montluçon   ANS   EURE ET LOIR
Commentry
Canal du Centre
SAÒNE ET LOI   E   Seine Fl.   SEINE ET MARNE   Marne   AISNE
MARNE
ath. de Mantoux Rue du Paon St André N°1

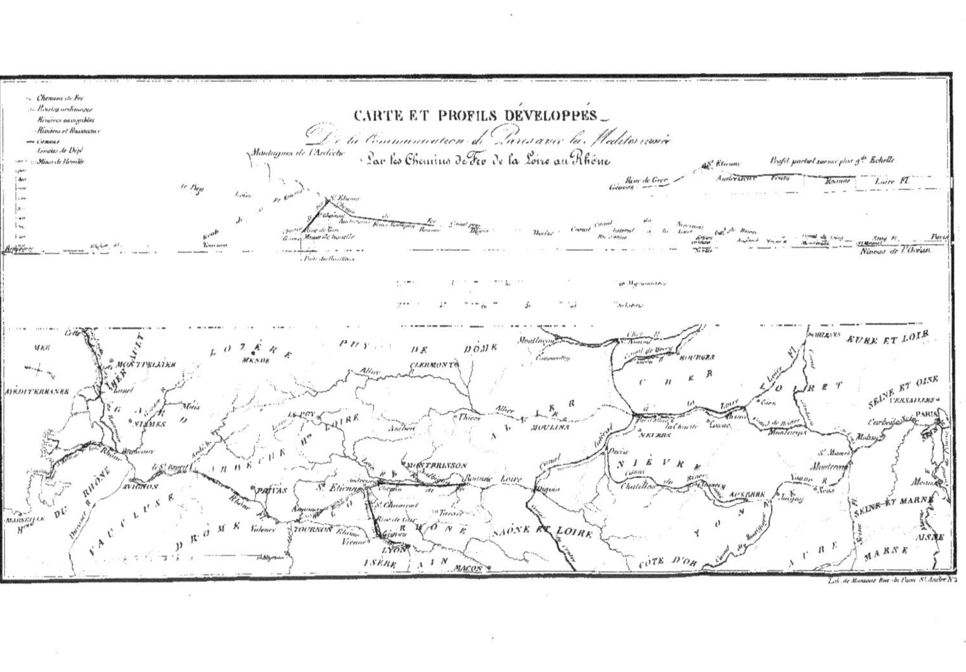

CARTE ET PROFILS DÉVELOPPÉS
De la Communication de Paris avec la Méditerranée
Par les Chemins de Fer de la Loire au Rhône
Chemins de Fer
Routes ordinaires
Rivières navigables
Rivières et Ruisseaux
Canaux
Limites de Dépt
Mines de Houille
Montagnes de l'Ardèche
le Puy
Profil partiel suivant plus gde Echelle
St Etienne
Rive de Gier
Givors
Andrezieux
Feurs
Roanne
Loire Fl.
Niveau de l'Orléan.
MER MEDITERRANEE
MARSEILLE
MONTPELLIER
NISMES
AVIGNON
DU RHONE
VAUCLUSE
DROME
ISERE
AIN
MACON
LYON
RHONE
TOURNON
Valence
ARDECHE
PRIVAS
St Etienne
St Chamond
MONTBRISON
LOIRE
LE PUY
LOZERE
MENDE
PUY DE DOME
CLERMONT
Allier
Thiers
ALLIER
MOULINS
SAONE ET LOIRE
COTE D'OR
NIEVRE
NEVERS
Chatillon
CHER
BOURGES
Montlucon
YONNE
AUXERRE
LOIRET
ORLEANS
EURE ET LOIR
SEINE ET OISE
VERSAILLES
PARIS
SEINE ET MARNE
AUBE
MARNE
Lith. de Mansaint Rue du Four St André N°2

www.ingramcontent.com/pod-product-compliance
Lightning Source LLC
LaVergne TN
LVHW022332170726
843503LV00006B/2830